成为沟通高手的秘密

# 真简单

## 人际关系沟通技巧

Allan & Barbara
PEASE

【澳】阿兰·皮斯　芭芭拉·皮斯◎著
赖伟雄◎译

九州出版社
JIUZHOUPRESS

**图书在版编目（CIP）数据**

真简单 /（澳）皮斯（Pease, A.），（澳）皮斯（Pease, B.）著；赖伟雄译. —北京：九州出版社，2009.5

书名原文：Easy Peasey

ISBN 978-7-5108-0049-8

I. 真… Ⅱ. ①皮…②皮…③赖… Ⅲ. 人间交往—通俗读物 Ⅳ. C912. 1–49

中国版本图书馆CIP数据核字（2009）第061224号



**出版境外图书合同登记号：01–2009–2082号**

**真简单**

| | |
|---|---|
| 作　　者 | （澳）阿兰·皮斯，芭芭拉·皮斯 著 |
| 译　　者 | 赖伟雄 |
| 出版发行 | 九州出版社 |
| 出 版 人 | 徐尚定 |
| 地　　址 | 北京市西城区阜外大街甲35号（100037） |
| 发行电话 | （010）68992190 / 2 / 3 / 5 / 6 |
| 网　　址 | www.jiuzhoupress.com |
| 电子信箱 | jiuzhou@jiuzhoupress.com |
| 印　　刷 | 北京通州富达印刷厂 |
| 开　　本 | 880 × 1230毫米　　32开 |
| 印　　张 | 4 |
| 字　　数 | 63千字 |
| 版　　次 | 2009年5月第1版 |
| 印　　次 | 2009年5月第1次印刷 |
| 书　　号 | ISBN　978-7-5108-0049-8 |
| 定　　价 | 20.00元 |

# 致谢

感谢以下对本书有直接或间接贡献的人：

雷和茹丝·皮斯（Ray & Ruth Pease）、丹尼斯·魏特利博士（Dennis Waitley）、崔佛·杜比（Trevor Dolby）、麦尔坎·爱德华（Malcolm Edwards）、罗恩·海尔和托比·海尔（Ron & Toby Hale）、戴比·墨顿（Deb Mehrtens）、吉姆·凯兹卡特（Jim Cathcart）、史提夫·莱特（Steve Wright）、博恩·崔西（Brian Tracy）、多丽·西蒙斯（Dorie Simmonds）、伊恩和乔·阿伯特（Ian & Jo Abbott）、诺曼和格兰德·里奥那多（Norman & Glenda Leonard）

# 目 录

# 前言

我们都很佩服那些似乎与生俱来就能轻松融入陌生的社交环境、和别人有说有笑的人际高手。这些人际高手都拥有所谓的“非凡魅力”。

有些人会猜测这些人际高手是怎么办到的，大部分人会认为人际高手一定是“天生”就拥有社交能力。然而真相是，“非凡魅力”不过是这些深具影响力的人经由学习得到的技能。正如其他后天掌握的技能那样，你也可以学习、提高这些技能，只要你拥有正确的信息，并且下决心去努力学习。

《真简单》一书会提供你所有必备的技巧，让你在任何场合、面对任何人，都能发挥影响力。当你将这些技巧付诸行动时，别惊讶，一定会有人开始问你：“你怎么人缘这么好，跟谁都能聊得来？”即使他们没有开口问，心里也一定在想这件事，就像你以前一样。

从这本书中，你将获得不管与谁或在何时何地，都拥有超旺人缘的人际关系秘诀。我们在写本书时已事先设计好，你翻开任何一页，都可以随时随地开始学习新的人际交往秘诀。你会发现我们在讨论每项技巧时，不说废话，只讲重点，给出例子，然后结束，就像这篇前言一样。

阿兰·皮斯、芭芭拉·皮斯

Allan & Barbara

PEASE

# 序言

Allan & Barbara
PEASE

## ❗ 皮斯夫妇建议你:

你如何待人，人们就会如何待你。

# 半路上的旅馆

在意大利威尼斯和维罗纳之间的一个风景如画的山脚下，坐落着一座小旅馆。有一天晚上，一个旅行者走进来想住下。

“你想去哪里啊？”旅馆老板问。

“我从威尼斯来，想去维罗纳，”旅行者回答说。

“请告诉我，维罗纳人是什么样子的呢？”

“噢，那你认为威尼斯人是什么样子的呢？”旅馆老板问。

“他们实在糟透了！”旅行者大声叹气说，“他们毫无爱心，冷淡和拒人千里。他们根本不愿意动一个手指头来帮人。”

“噢，”旅馆老板犹豫了一下，说，“看来你也不会喜欢维罗纳人的。那里的人一模一样。”

听到旅馆老板的这一席话，旅行者很失望，进房间休息了。

当晚稍后，另一个旅行者也走进来。

“你想去哪里啊？”旅馆老板问。

“我从维罗纳来，想去威尼斯，”旅行者回答说。“请告诉我，威尼斯人是什么样子的呢？”

“噢，那你认为维罗纳人是什么样子的呢？”旅馆老板问。

“他们实在好极了！”旅行者兴高采烈地说，“他们充满爱心，热情友好，总是愿意帮助人。我真舍不得离开他们。”

“噢，”旅馆老板说，“你一定会喜欢威尼斯人的。那里的人一模一样。”

# 透视人性的三大铁律

## 1. 希望感到自己很重要

人类本性中最大的需求，莫过于觉得自己很重要、受到他人肯定及欣赏。

——前纽约州州长汤姆士·杜威

人类对于“感觉自己很重要”的需求，可说比饥饿这种生理需求还高，毕竟只要填饱肚子，就不会再感到饥饿。感觉自己很重要的需求，甚至比对爱的需求更强烈，因为只要得到了爱，需求就会被满足。它更高于对安全的需求，因为只要一个人安全无虞，就没什么大问题了。

人类从未间断、最强大的内在渴望，就是觉得自己很重要；这也是人类异于动物的一大特征。它是让你想穿名牌、开好车、坐拥豪宅、炫耀子女成就的动力。它也是小毛头混迹街头帮派的主要原因。它甚至会使某些人为了追求恶名昭彰的存在感，而化身成杀人的凶手和跟踪狂。

许多婚姻研究发现，能让女人忍痛割舍掉一段长久关系的主因，并不是因为一方的虐待、刻薄，或者强势支配——而是因为缺乏被欣赏与被肯定的感受。

人们想要被看重、被肯定、被欣赏的渴望是非常强大的。因此，你越让对方觉得自己很重要，从他身上所得到的回应就会越正面。

### 2. 对自己最有兴趣

每个人对自己的兴趣，绝对大于对他人的兴趣，所以和他人聊天时的主要目标，就是把话题转到对方的生活上。

举例子来说，你应该和他们聊：

他们的感觉

他们的家庭

他们的朋友

他们的地位

他们的需求

他们的选择

他们的财产

别忘了，绝对不要主动提起关于你自己的事——除非对方问起。

换句话说，一般而言，人们只对自己以及“有好处”的事才会感兴趣。因此想要成功地与他人拉近距离，产生火花，你就要懂得活用上述这条坚不可摧的人际关系基本铁律。如果对方没有主动问起关于你或者与你有关的事情，就表示他们根本没兴趣知道，所以根本不必提起。

有些人对这条人性铁律感到失望，认为信奉此道的人都是自私自利的人。他们认为，不求回报的付出才是高尚的。但是大部分不计一切、无私付出的人，都懂得所付出的东西，会在某时、以某种形式、连本带利回报到自己身上的道理。

事情的真相是，我们在生活中的一举一动，都是由自我利益所驱动的。甚至当你捐钱给当地慈善机构的善举，也属于自利行为，因为当你捐钱时，你会觉得自己真是个慷慨的大好人。即使你匿名行善，你也会因此得到内心的报酬。

特蕾莎修女之所以奉献一生，是为了希望让上帝喜悦而感受内心的完满，这些行为都是相当正面，而非负面的。如果期待他人不以自我为中心，通常都会一而再、再而三地感到灰心与失望。

你不需对此感到困窘或内疚——这就是生命的本质。为自己拼命，本来就是深深烙印在我们大脑中的求生本能，这可是人类起源时就拥有的特质。它是自我保护的基础。只要认清“我们都是将自我利益搁在第一位”的事实，你就掌握到了打造成功人际关系中相当重要的关键。

连续30天，天天练习，用肯定以及感谢他人的技巧，让对方觉得自己很重要，如此一来，你自然就会练就一身好功夫，如鱼得水地施展你的人际魅力。

### 3. 有恩报恩，有仇报仇

这是被给予的一方对于付出的一方想要同等回报的一种潜意识行动。

如果你付出的是对方所喜欢的，他也会想以你喜欢的东西来回馈你。举例来说，如果A收到了B寄的一张卡片，但A之前没有寄卡片给B，那么A心里就会燃起一股冲动，想赶快回应B所发出的善意。

当你帮了某个人一个忙，对方通常会找机会回报你。当你称赞某个人，他不但会因此对你产生好感，也会试着如法炮制赞美你一番。反之，如果你看起来有点孤傲，让人产生距离感，人们就会认为你不友善，也会用冷淡的方法对待你。

如果你为人轻蔑，人们就会觉得你很没礼貌或油腔滑调，以牙还牙地回敬你。如果你羞辱人，对方就会被你激发出以牙还牙的行动。

如果你释放的是正面的善意，就会在未来的某时某刻得到对方正面的回应。如果你丢出负面的情绪，你就会引爆对方更严重的恨意与报复。这是鲜有例外的自然法则。

想成为一个备受欢迎的万人迷，就要想办法让对方觉得，他比你还重要得多。如果你表现出仿佛自己更好的样子，会让对方觉得自己比你逊色，开始嫉妒你。这对想要建立良好人际关系的你来说，是一个致命伤。

让我举例。当你在餐厅中享受了一顿美味的餐点、购物时店员向你问好，或者当你在餐厅，服务员收走你刚吃完的脏盘子时，记得对他们微笑，并亲切地感谢他们为你做的一切。

当你了解并接受三大人性铁律，你就会对自己影响他人的力量感到惊讶。

## 小结

### 1. 希望感到自己很重要

*人性中最强烈的渴望，就是觉得自己很重要以及受到他人肯定。

*你越让对方觉得自己重要，从他身上所得到的回应就会越正面。

### 2. 对自己最有兴趣

*当你想与对方拉近距离时，请从他们在想什么、想要什么的角度下手。

### 3. 有恩报恩，有仇报仇

*不管你付出的是什么，你都会在某时某地收回数倍以上的回报。

Allan & Barbara
PEASE

# 第一部分

# 如何让别人觉得自己很重要

!

Allan & Barbara
PEASE

## ❗ 皮斯夫妇建议你：

愤怒的顾客、满腹牢骚的员工以及心情沮丧的朋友，他们最想要的不过是希望有人倾听他们的问题。所以，无论在何种情形下，倾听是最好的方法。

# 第一招　如何表达真诚的赞美

研究显示，当你赞美他人的时候，对方很可能会把你视为一个有同情心、善解人意以及有魅力的人。所以，开始赞美身边的每一个人吧，不管是你的伴侣、同事、员工、老板、刚认识的人、顾客或客户、邮递员、花匠，或者你的宝贝孩子，一个也不放过！

在每一个人的身上，你都可以找到好好赞美对方的地方，即使你觉得不过是一件鸡毛蒜皮的小事。我们向你保证，只要你常常尝试让身边的每个人觉得自己很特别，一个全新的不同世界，就会向你敞开欢迎之门。

表达赞美最常见的方法，就是直接发出“既直接又正面”的赞美。这种方式是以直话直说的方式来告诉对方，你欣赏他们的行为、外表或者财产。举例而言：

如果想赞美对方的行为，你可以说："你是很棒的健身教练。"

如果想赞美对方的外表，你可以说："你的发型真好看。"

如果想赞美对方的财产，你可以说："我很喜欢你家的花园。"

在上述三种赞美中，赞美一个人的行为，是最具有说服力与效果的方法。采用下面两个技巧的赞美法，会更有效果。

### 在对话中使用对方的名字

在对话中使用他人的名字，会提高对方在对话中的兴趣，进而更专心地听下来的内容。每当你要发表重要看法时，记得先以对方的名字开头，这可以提高对方倾听你看法的注意力，也会提升对方记得这段对话的程度。

### 什么／为什么的技巧

许多赞美之所以效果不明显，原因在于只告诉对方喜欢什么，却没有解释喜欢的原因。

赞美的力量取决于真诚与否；只告诉对方你喜欢什么，听起来往往会像是在逢迎拍马，不会产生效果。记住一定要说出你喜欢的原因，下面是几个例子：

如果想要赞美对方的行为，你可以说："艾伦，你是个很棒的健身教练，（理由……）你对我们每个人都付出关注。"

如果想要赞美对方的外貌，你可以说："苏，你的发型真好看，（理由……）这发型把你的眼睛衬托得更出色。"

如果想要赞美对方的财产，你可以说："约翰，你家的花园好漂亮，（理由……）与周围环境搭配得太完美了。"

善于在对话中使用他人的名字，告诉对方你喜欢他的什么、还有喜欢的原因，对方就会把你和你所说的话一直放在心上。但是，如果你的赞美不是出于真心的，不如就别说了。虚伪的赞美等于谄媚，是很容易露出马脚的。谄媚只是在告诉对方，他对自己已经有的看法。

**透过第三者的赞美法**

这种赞美想要赞美的对象，并不是你现在对话的对象，而是对话中提到的第三者。你可以从想要赞美的人身边的亲近人士下手，比如在对方的好朋友面前，或者在公认的大嘴巴面前说一些对方的好话。

也就是说，你对对方的赞美，很有可能会透过他们迅速传进对方耳里。这种公开的赞美比你私底下赞美对方所产生的效果更有可信度，也更有价值。

## 传声筒赞美法

这项赞美的技巧在于，当你赞美对方时，巧妙地引用别人对他的行为、外表与财产等的美言，原封不动地转述给对方听。

举例说：

“嗨！鲍伯——约翰跟我说，你是俱乐部里球打得最好的高手，（理由……）他说你从来没有输过一场球。你的赢球秘诀到底是什么？”

生意人想打电话约人进行面试时，他可以这么说：

“强森先生，你好，我听说你是这里最顶尖的会计师，（理由……）你的工作表现相当亮眼。这是真的吗？”

这种方式不但可以舒缓彼此的紧张感，通常还能博得对方一笑。

## 如何接受对方的赞美

当某个人向你表达赞美时，有下面几个接受的方法：

1. 坦然接受。

2. 谢谢对方的赞美。

3. 表示你由衷的感谢。

举例说：

凯莉：“安妮，你的车看起来挺不错的。”

安妮：“谢谢你，凯莉，我早上才洗过车，还打了蜡呢。你有注意到，让我好开心啊，谢谢你。”

接受赞美会让人觉得你是喜欢自己的人。相反的，如果你拒绝了别人的赞美，对方通常会解读成你是在拒绝他这个人。

从现在开始，养成习惯，每天赞美三个人，赞美他们的行为、外表，或者财产等，观察他们如何做出回应。你很快就会发现，给予赞美会比得到赞美更有益。

# 第二招　如何有效倾听

我们身边一定会有健谈的朋友，但是我们宁愿把时间花在懂得倾听的朋友身上，而非前者。一个人见人爱的沟通高手，就是在对方说话时认真倾听的人。

善于倾听者比健谈者更能博得良好的第一印象。到医院看病的人当中，有40%的人并不是因为真的有病缠身，而是想找人听他们说话。

愤怒的顾客、满腹牢骚的员工以及心情沮丧的朋友，他们最想要的只是希望有人倾听他们的问题。

想当人见人爱的沟通高手，就得成为优秀的倾听者。

我们思考的速度比倾听的速度快三倍之多，所以大部分人会觉得倾听是有难度的事情。

在生意场上，你的第一步就是销售自己，再销售你的创意、产品、服务或者生意。这个阶段被称为“倾听阶段”。你的目标是先将你自己销售出去，再提出跟你的期望及对方的需求有关的问题，挖掘出对方的主要需求与关键问题。

## 五大黄金倾听法则

### 1. 使用“积极倾听术”

“积极倾听术”是非常有用的方法，可以鼓励对方一直说下去，也能让你确定自己了解对方所说的一切内容。

想运用“积极倾听术”，只要重新诠释对方说的话，并以“你”作为开头回应即可。

举例来说：

马克：“我公司有1200名员工，想要往上爬真的很不容易。”

梅丽莎：“你一定觉得很沮丧吧。”（积极的倾听）

马克：“这是一定的。我已经去了好几次职位升迁的面谈，但我似乎总是得不到升迁。”

梅丽莎：“你觉得你只是被抓去插花充数？”

马克：“对，就是这样。如果他们觉得我不胜任，我宁愿他们直截了当地告诉我！”

梅丽莎：“你希望对方以诚相待。”

马克说：“一点都没错！还不只这件事（马克继续说）……”

如果你不确定你是否听懂对方所说的话，只要在句尾加上“我这样说对吗？”就可以了。

举例来说：

梅丽莎说：“你希望对方以诚相待，我这样说对吗？”

积极倾听会让人对你敞开心胸，因为你不是发表个人看法或者论断对方。这也表示，你永远都不用担心下一秒要说什么才好。

2. 简单的鼓励话语

当对方在说话时，你可以用简单的鼓励话语鼓励对方继续聊下去：

我懂了

嗯，嗯

真的吗？

还有没有呢？

简单的鼓励语句，能让对方要讲的话以及提供的信息量多三倍。

**3. 持续注视对方的眼睛**

当双方眼神交会时，持续注视对方的眼睛，直到他将眼神移开为止，回应对方的凝视会让彼此的关系更近一步。

**4. 倾听时，可以再靠近一点**

当我们不喜欢一个人，或者觉得对方很无趣时，就会离对方远一点。靠近对方，可以表现出你很有兴趣听他说话。

**5. 不要插嘴，不要换话题**

避免换话题的行为，当别人说话时，一定要让对方把想说的话说完。

## 第三招 如何将“谢谢你”说到别人心坎上去

当然，对某些人来说，学会说“谢谢”似乎无足轻重，但这可是建立良好人际关系的艺术中，最具影响力的技巧之一。所以，在此我们要强烈建议你，随时随地注意这个关键字眼。一有机会，就好好表达对他人的感谢吧。

将“谢谢你”说得深入人心之四大关键之处。

### 1. 将感谢说清楚

把“谢谢”清楚地表达出来，能让对方感受到你是真心诚意地道谢。当你说谢谢时，记得要怀着愉悦的心情。另外，如果你在向对方道谢时，身边有其他人在，则感谢的效果大大增强。

### 2. 看着对方的眼睛，以及少许肢体接触

当你看着对方的眼睛说谢谢，可以加强你的诚意；如果你

用手轻轻碰触对方的手肘，会让对方更能感受到你的热忱，并难以忘怀。

**3. 使用对方的名字**

把你的感谢“个人化”。“谢谢你，苏珊”，比单单一句“谢谢你”更有力量。

**4. 亲笔写感谢小卡片**

如果情况允许的话，这是最好的感谢方式。

当面感谢对方的影响力则其次；利用电话表达谢意，效果又次于当面感谢；而以手机短信传达谢意，则比什么都不说要来得好。

在向对方道谢时，一定要诚恳。要让他们知道你的感谢是发自内心的。

如果你不是真心诚意的，你的身体语言自然会透露出内心的虚伪。当个“感谢的传达者”，找机会好好感谢别人所做的小事。

# 第四招　如何记住对方的名字

对每一个人来说，自己的名字是世界上最悦耳的声音。

对人们来说，名字代表了自己所有的一切。许多研究也指出，只要在句子前加上对方的名字，就能让对方认真倾听。

大部分的人不容易记得第一次见面的人叫什么名字，这是因为我们过于专注在自己要如何表现，以至于没注意听对方的名字。这不是因为我们忘了对方的名字，而是真的没听到。

以下有三个步骤，可以帮你有效记住人名：

**第一步：重复对方的名字**

有人介绍新朋友给你认识时，大声念对方的名字两次，确定你没听错，也能趁机记下名字。

假如你现在认识的是苏珊，就说："苏珊……很高兴认识你，苏珊。"

假如新朋友的名字少有人取，就请对方拼写出来给你，也让你有更多时间记下来。

**第二步：将名字与事物结合**

名字之所以难记，是因为名字并非大脑能描绘出画面的实际物体。回想人名时，就在心里想想对方的名字谐音会创造出什么画面。举例来说：

“芭芭拉（Barbara）”听起来很像“带刺的铁丝网”（barbed wire）。

“杰克（Jack）”听起来像是“千斤顶”（car jack）。

“约翰（John）”会让人想到“马桶座”（toilet bowl）[①]。

“凯西（Kathy）”则是“猫”（cat）。

**第三步：想像一个搞笑的画面**

接下来，将对方身上拥有的明显特征和一些物品做一些有趣或搞笑的联想。

比如说，假如芭芭拉（Barbara）有一个异于常人的大鼻子，你就可以想像她的鼻子被带刺的铁丝网（barbed wire）穿过去，

---

译注①：英文的John，亦指厕所。

而且你还牵着她的鼻子到处走。

如果杰克（Jack）的下巴有点戽斗，你就可以想像有一辆汽车的千斤顶在他的下颚，把他的下巴往上顶起。

如果约翰 John（英文字义里又做洗手间的意思）的前额发线明显向后退，你就可以想像他的头上戴着一个马桶，像一个牛仔般在牧场中奔驰。

如果凯西（Kathy）在耳垂上穿了三个戴耳环的耳洞，你就可以想像有一只猫用它的三根爪子，挂在她的耳朵上。运用这项技巧的秘诀就在于，想像出来的画面越搞笑，你就越容易想起这个人的名字。

你可以试着在生活中，利用这些画面来记住他人的名字，你身边的人会开始把你视为奇才。绝对不要告诉任何人你是如何联想记名字的，因为这会让你很快失去朋友，尤其当你遇上的人是名叫布鲁斯（Bruce，呆头鹅），或者珍妮弗（Jennifer，毛茸茸的下巴）。

# 小 结

## 第一招 如何表达真诚的赞美

*直接发出既直接又正面的赞美。

*告诉对方你喜欢他哪些地方以及喜欢的原因。

*在赞美中使用对方的名字。

*透过第三者的赞美法。

*声筒赞美法。

*如果有人称赞你，请大方接受，谢谢对方，告诉他你由衷感谢他的赞美。

## 第二招 如何有效倾听

*使用“积极倾听术”。重新诠释对方所说的话，并以“你”

做为开头回应即可。

*用简单的鼓励话语鼓励对方说下去。

*持续注视对方的眼睛。

*倾听时，可以再靠近一点。

*不要插嘴，不要换话题，不要打断对方的话。

## 第三招　如何将“谢谢你”说到别人心坎上去

*将你的感谢说清楚。

*看着对方的眼睛以及少许肢体接触。

*把对方的名字加进来。

*亲手写一张感谢的小卡片。

## 第四招　如何记住对方的名字

*重复对方的名字。

*将名字与事物结合。

*想象一个搞笑的画面。

Allan & Barbara

PEASE

# 第二部分

# 如何成为人见人爱的沟通高手

!

Allan & Barbara
PEASE

## ❶ 皮斯夫妇建议你:

想让男人听话，重点在于一次只讲一件事情，不要一次丢给男人太多信息！

想让女人听话，要避免太快进入重点，或迅速导向解决方法，更不要草草结束！

## 第五招　如何聊天，让所有人爱上你的风趣

让人觉得有趣的人，往往都是和别人聊他们最有兴趣的话题——自己。以下有三个秘诀值得借鉴：

**1. 将焦点放在对方身上，鼓励他们多谈自己和自己感兴趣的事情**

人们对于自己鼻子上的痘痘，比对非洲艾滋肆虐煎熬的情形更有兴趣。假如你把话题焦点放在对方身上，在四个星期内交到的朋友，会比你把焦点放在自己身上的十年内所交到的朋友还多。

**2. 把你词汇表里的“我”和“我的”统统丢掉，全部换成“你”和“你的”**

与其说：

“我知道这个计划会大获成功，因为我的客户告诉我，我的建议帮助了他们顺利达成当初的目标。”

不如说：

“当你采取这项行动，你会对结果兴奋不已的，因为它会给你和你的家庭带来你难以想像的好处。”

### 3. 只问能让对方谈论自己的问题

“你的假期过得如何？”

“你是如何开始这方面的工作的？”

“你的宝贝儿子在新学校里过得如何？”

“你觉得谁会赢得下一场选举呢？”

“你觉得如何？”（不管你问的是哪种问题，都适用的万用问句）

归根结底，人们对你和我都没什么兴趣，他们只对自己有兴趣。如果你对此感到苦恼，我只能劝你看开点。它是人生的事实。

# 第六招　如何问好问题

大多数对话如果很难开始或继续下去的原因，并不是因为讨论的内容有问题，而是因为问问题的方式错了。

你可以运用下列两种方式来问问题：

**1. 封闭式问题**

提出封闭式问题时，你只会得到两三个字组成的简短回答，对话也会就此打住。举例说：

问："你什么时候开始当会计师的？"

答："八年前。"

问："你喜欢那部电影吗？"

答："喜欢。"

问："你觉得这次选举谁会胜出？"

答："自由党吧。"

封闭式问题会让对话听起来像是在质问对方。

**2. 开放式问题**

采用开放式问题时，所希望得到的是对方的解释、见解以及更进一步的细节。开放式问题可以让你很快地与对方建立起关系，因为对方会觉得你对他们以及他们想说的事情很感兴趣。会问开放式问题的人会被认为是有趣、诚恳、有活力，以及善解人意。

以下是最有效的四种开放式问题关键句，你可以将它们放在句首或句中：

"你是如何……"

"请告诉我……"

"它是如何……"

"为什么……"

以下是以开放式问题的方式再问一遍的示范：

问："你开始当会计师时是怎么的情形呢？"

答："我还在学校时，就一直对数字如何影响结果很感兴趣……"

问：“请告诉我，你最喜欢这部电影里的哪一段？”

答：“我最喜欢吸血鬼德古拉从门里冲出来，然后说……”

问：“你觉得工党的候选人，是以什么方式影响了这次选举的？”

答：“我从来没有投票给保守派，但我想昨晚的辩论会称得上是决定性的因素，因为……”

你可以练习只用开放式问题发问。如果你问了一个封闭式问题，就要赶紧跟上一个开放式问题。

举例来说：

问：“你什么时候搬到奇斯特尔市呢？”（封闭式问题）

答：“大概是十年前吧。”

问：“你觉得奇斯特尔市为什么会在这几年间产生这么大的转变？”（开放式问题）

答：“嗯，我们刚搬来这里的时候，还没有这么多开发项目进行，但是五年前开始，有一些建筑商进驻这里，而且……”

# 第七招　如何开始对话

在你和人们接触的前4分钟内，对方对你的90%的想法大致都已成形，因此，能在任何情境下有效开始对话是关键。想要开始一个对话，你可以用下列三种题目作为开场白：

当下的情况

对方

你自己

并且只以这三种方式开始：

问对方一个问题

提出一个意见

说明一项事实

### 1. 聊聊当下的情况

通常最简单、也是最容易开始对话的方法，就是从你们双方共同面临的情况开始聊起。只要看看周围，把你注意到的细节以开放式问题加以包装。这个技巧适用于任何地方。

举例来说：

在市场里：“我看到你买了小黄瓜，我一直搞不懂怎么用小黄瓜做菜，你是怎么做的呢？”

在画廊里：“你觉得这个艺术家想要表达什么呢？”

在会议上：“真巧啊，你怎么也来了这场会议？”

在等候进入餐厅的排队长龙中：“你觉得这餐厅为什么这么受欢迎呢？”

在超级市场里：“你觉得去渍剂要怎么使用才最有效呢？”

开始业务讲解时：“你们是如何在这个生意中起步的？”

### 2. 聊聊与对方相关的事情

人们都喜欢谈论自己，而且他们会很乐意回答你提出的任何问题。

在晚会上：“你外套上的徽章看起来好有意思，它代表了什么含义呢？”

在高尔夫球课程中:“你挥杆挥得真漂亮,你的球技为什么如此精湛呢?”

在会议上:“我注意到你投票支持公园的重整工程,你觉得用什么方法可以让公园变得更好呢?”

在海滩上:“我知道你是救生员俱乐部的一员,你刚加入俱乐部是怎样的情形呢?”

### 3. 聊聊你自己

这个法则很简单——除非有人问你关于你、你的家庭、财产或职业的问题,否则不要主动提起。对方不提,表示他对你没有兴趣。开始一段对话时,除非对方开口问,否则绝对不要主动提起你自己的任何信息。

# 第八招　如何让对话绵延不绝

**善用过渡性的关键句**

当回答开放式问题时，对只能说出简短回答的人来说，.要让他们继续聊下去，最好的方法就是运用过渡性的关键句。

过渡性的关键句，其实就是开放式问题的精简版。当人们对开放式问题只给予简短回答的时候，这个时候使用过渡性关键句为最佳。

过渡性关键句包括：

你的意思是？

有什么例子呢？

然后呢？

所以？

然后你就？

也就是说？

当你在对话中提出过渡性关键句之后，接下来必须暂不作声，才能让对方侃侃而谈。

约翰："你怎么会搬到这一区来住呢？"

马丁："我比较喜欢这里的空气。"

约翰："你是指哪个方面呢？"

马丁："……比充满空气污染的都市更好。"

约翰："也就是说……"

马丁："也就是说，搬来这里住，我和家人的健康都可以获得改善。事实上，我前几天才看到一篇报道，说人类的健康一直在恶化，而且啊……"

在这个例子中，约翰用了两个过渡性关键句，他不但可以继续让对话热络，也不会让人觉得他像个审问者，而且他也不必担起说话的责任。

想要成功运用过渡性关键句，你得配合使用下列两种肢体语言。

1. 当你说出过渡性关键句时，把身体往前倾，掌心也朝上往前伸出。

2. 当你一说完过渡性关键句，随即将前倾的身体往后靠，并暂停说话。

将身体往前微倾，以及掌心朝上往前伸的动作，可以表达你不具任何威胁，也可以让倾听者明白轮到自己发言，该是他接过谈话主控权的时候。

当你说出过渡性的关键句之后，务必停止说话！

即使当你说完过渡性关键句后，双方陷入仿佛没完没了的安静的尴尬气氛，你也一定要抗拒想说点机智小语化解尴尬的行动。因为你往前伸出的掌心，代表了将说话的责任交给对方，所以一定要让对方主动开始下一段对话。

在你把说话的主控权交给对方后，可以把身体往后靠或往后坐，把手放在下巴上，适时点点头。这个方法能鼓励对方继续聊下去。

运用过渡性关键句是很有意思的：它们可以让对话更丰富，也可以让你握有沉默却有利的主控权。当过渡性关键句搭配鼓励语句一起应用时，就成为你最有力的沟通工具，让对话持续不断。

## 第九招　如何让人们对你说的话兴致勃勃

谁能交到最多朋友，也能让遇上的每个人都接受他？答案就是——小狗。

只要小狗一看到你，它就会兴奋地不断摇尾巴，在它眼中，不论是从哪一个角度来看，你都是最完美的，它只对你有兴趣，不会喜欢别人。小狗口中绝对不会冒出负面字眼抱怨，对它来说，你就是最会唱歌的歌手，而且你越晚回家，它看到你就越兴奋。

小狗给你的是无条件的爱，绝对没有不可告人的不良动机，也不会提出要你补偿它的要求，更不会要你掏钱向它买寿险。

聊天时，记得只聊对方有兴趣的事情，而不是你感兴趣的事情。大部分人只关心他们想要什么或者有兴趣的事情，不会关心你想要的是什么。

假如你去钓鱼时，用自己喜欢吃的东西当成钓饵，例如牛排、汉堡、巧克力或者冰淇淋，是没有意义的。应该把鱼喜爱的东西放在鱼钩上，比如一条虫或者一只臭掉的虾子。这是影响他人的唯一方法。只跟人们聊他们想要聊的话题。

大部分人聊天时效果不佳，或让人感觉无趣，都是因为他们只聊跟自己或者自己需求有关的话题。唯有当你聊着对方想聊的事，引导对方继续话题时，你才能真正获得他人的注意力。

# 第十招　如何让人们一见到你就有好感

不管你用什么表情面对别人，他们都会原原本本地奉还给你。

证据显示，对亲切的笑脸做出正面的回应，是深植在我们脑中的本能。一个微笑，就传达了“见到你真开心，以及我接受你这个人”的信息。这也是为什么每个人都喜欢脸上随时挂着笑容的人，就像小宝宝一样。

来自伦敦大学的茹丝·坎柏尔教授（Ruth Campbell）发现，人类大脑中有一个“镜像神经元”，会触发负责辨识不同面容以及各种表情的大脑部分，并会让我们做出即刻的回应，模仿出与对方一模一样的表情。也就是说，不管我们有没有意识到，我们都会自动复制所看到的表情。

对人类而言，微笑代表的意义跟其他哺乳类动物一样，微笑告诉另一个人，你是没有威胁性的，要求对方进一步接纳你。

这种回应深植在我们的脑中。

经常保持微笑是一项非常重要的好习惯，是你肢体语言的一部分。即使你不想笑的时候，也要习惯性地挂上笑容，因为微笑会直接影响他人对你的态度，影响他们回应你的方式。

跟别人讲话时皱着眉头，是一种负面的表情，不是让对方认为你不喜欢他们，就是对他们有意见。如果你是个“皱眉惯犯”，请你在说话时，试着把手压在额头上，训练自己戒掉这种对你毫无帮助的坏习惯。

**小结**

当你对别人露出微笑时，几乎所有人都会以笑脸回应。基于因果关系的法则，这会让你的心中产生正面的感受。

许多研究显示，当你时时注意保持微笑、笑口常开，不但生活中与人的邂逅会更顺利、友谊更长久，人际关系也会有更正面的结果。好好练习如何微笑，让微笑成为你的习惯。

许多证据也显示，微笑与笑声可以强化免疫系统，帮助你对抗疾病以及病痛，有治疗身体的作用。微笑与笑声有助于让你的想法更为人所接受、让你更具吸引力，交到更多朋友，拓展更宽广的生活。

微笑可以治百病。

来，笑一个吧！

# 第十一招　如何成为善解人意的人

大部分人都希望别人能够对他的处境或动机感同身受，希望能为对方所了解。

这招“理解、曾经觉得、后来发现（Feel、Felt、Found）”的技巧，可以让你达致善解人意的目的，让对方对你产生好感。你大可不必对别人的抱怨和牢骚不同意，你只要说：

“我理解你现在的感受（I know how you feel）。我认识一些跟你处境很相似的人，他们曾经有着同样的感受（Felt the same way）。他们后来发现（Found），只要……（此处放进你提供的解决方案），结果就会皆大欢喜。”

如果有人说：

“我不能与贵公司做生意，因为我听说贵公司的服务品质不太好。”

你可以这么回答：

“我理解你现在的感受（I know how you feel）。我们有一个长期合作的重要客户，他们曾经有着同样的感受（Felt the same way）。他们后来发现（Found），只要在中午前下订单，当天就可以收到货品。”

如果苏说：

“贾斯汀，我觉得我现在不爱你了。”

贾斯汀可以这么回答：

“苏，我理解你现在的感受（I know how you feel）。杰西卡对保罗曾经有着同样的感受（Felt the same way）。但是当他们坐下来好好谈谈彼此的状况，更深入了解对方，她后来发现（Found），保罗真的是个体贴又懂得分享的男人。”

在这两个案例中，你都没有表示对另一方有任何不赞同，或者争执。实际上，你听起来几乎就像认同对方的看法。当某个人对你发动攻击的时候，不要马上筑起防护墙，将心比心就可以了。

# 第十二招　如何认同每个人（包括批评你的人）

认同的态度是你可以培养的重要习惯之一。每个人都喜欢认同他人的人，讨厌唱反调的人。认同对你有意见的人，如果对方正确，要认同，即使对方不正确，也要认同对方有权发表意见。

## 1. 如何认同事实

针对任何人的批评，你能作出最有力的回应，就是认同对方所批评的内容是事实，然后再重申一次你的立场。

举例来说：

妈妈："如果你今天晚上出去跳舞，明天早上就很难准时起床上班。"

女儿："你说得没错！但是我超爱跳舞的，已经等不及大跳特跳了！”

女儿同意妈妈的批评是事实，但她同时也坚守了自己的意见。

苏：“亚当，我不认为你应该离职。你是公司里的重要人物，万一经济不景气，你至少还有份工作糊口。创业可没什么保障。”

亚当：“苏，你说得一点也没错。创业的确没有保障可言，但是我相信我会做得有声有色，也很期待这个机会。”

亚当同意苏提到的事实。他没有和苏争执，也没有贬低自己或者对方，既坚守立场也不采取挑衅态度。

**2. 如何认同对方有批评的权利**

通常你无法认同批评者对你的意见，但是你还是可以认同他们拥有批评的权利，即使你心里觉得对方的想法很蠢。

举例来说：

大卫：“莫妮卡，如果你一直把钱花在买衣服上，你很快就会破产的！”

莫妮卡：“大卫，我明白你为什么会这么想，但我非常喜欢拥有大堆不同衣服的感觉。”

蕾妮：“葛林，你怎么会去买马自达车呢？你明明知道丰田车要比马自达车好多了！”

葛林：“蕾妮，我明白你的想法，你说得对，丰田车是很棒，不过我就是喜欢马自达给我的感觉！”

葛林和莫妮卡都赞同批评者有发表评论的权利，葛林也同意对方所说的是事实，但是他们都没有因此放弃自己的立场，或让对方因为他们的话而感到不愉快。

即使你完全不赞同对方，你也可以找对方法，既表示你的想法是正确的，也和对方相处融洽。你的目标应该是即使不认同对方观点，也能让对方感觉愉悦。

做一个善于认同他人的人的五大关键：

**1. 下决心认同每一个你遇见的人**

培养自己的好相处素质，让人们感觉自己是对的。

**2. 认同对方所说的事实**

让别人知道你认同他们说的当中有一些事实。点点头说，“没错，你说得对”，或者“我赞同你的想法”。

### 3. 认同对方拥有批评的权利

即使你觉得对方根本就是在胡说八道，你还是可以认同别人可以拥有个人想法，但同时，你也可以重申自己相信的事情。

### 4. 如果你错了，就认错吧

人们通常会佩服懂得认错的人，但大部分人还是宁愿去否认、说谎或推卸责任。如果你做错了，要这样说：

“我一定是弄错了……”

“我真的搞砸了……”

“我是错了……”

### 5. 避免争辩

即使你是对的，你也几乎不可能赢得一场争吵。争辩会让你失去朋友、降低他人对你的信任程度，让挑起争端的好斗者称心如意，得到他们想要的——一场口舌之战。

# 第十三招　如何创造出“你很棒”的氛围

人们通常会在4分钟内形成对别人90%的第一印象。他们的初步评价主要来自于我们的肢体语言。接着，他们会依照我们说话的方式及内容，来决定对我们尊重的程度与兴趣。

想在初次见面时赢得他人的赞许以及尊重吗？请做以下三件事情：

### 1. 肯定你自己以及你做的事情

当你谈到目前的生活状况和为什么喜欢它的时候，要用充满活力的语言来表达。绝对不要贬低自己，例如说，“我只是一个小职员；我不过是个家庭主妇罢了。”

你应该说：“我在全国最大的银行工作，帮助顾客实现他们投资理财的目标。”

或者说：“我是两个可爱小朋友的妈咪，也是我老公约翰的好伴侣。"

假如你无法正面地肯定自己，没有人可以肯定你。

**2. 保持热情**

以正面的期待来谈论生活的点点滴滴。这样，你不仅可以成功地销售自己，也可以让对方更想了解你和你的谈话。总是保持笑容，这会让人好奇为什么你如此有活力。

**3. 避免批评任何人或事**

当你批评时，别人会认为你自尊心低落、不体贴或者缺乏自信。

如果有人提到你的竞争者，就赞美他的优点吧。

如果你说不出任何正面的话语，就三缄其口。不要试图把别人踩在脚底下，来抬高自己。

# 第十四招 如何轻松让别人说YES！

这里有四种方式让对方肯定接受你的提议。

## 1. 找到一个让对方不得不答应的理由

我们在生活里做的任何事，或者选择的做事方法，都受到特定的因素左右。有时，我们有几个理由去做某件事，但是真正的理由通常只有一个，这正是你需要挖掘的。问对方，“你的首要考虑因素是什么？”并专心倾听，不要打断对方说话，对方就会告诉你，是什么理由驱使他采取行动。

绝对不要自以为是，以为自己知道对方做事的首要理由。你很可能会误判，对方会提不起劲，不想照着你的话去做。

绝对不能让对方按照你自己的理由去做事情，除非你的理由和对方的想法一致。

当你发掘出对方想要的事情后，让他们知道，使用你的解决方法，他们可以达成目标。人们通常比较容易接受自己发现的事情，而不是让别人告诉他怎么做。所以，让他们自己去解决问题吧。你要做的只是问正确的问题，引导对方得出正确的结论。

当你向对方说明你的解决方法时，要用完全相同的字眼来复述对方说过的优先理由。

**2. 只问对方一定会做出肯定回答的问题**

用对方一定会肯定回答的问题来开始谈话，避免问对方可能会否定回答的问题。

以下是一些对方只会肯定回答的问题范例：

“你对赚钱有兴趣吗？”

“你希望家人能够幸福快乐，我这样说对吗？”

“你希望能花更多时间和孩子相处吗？”

让别人和你相处时充满了说肯定回答的正面体验，之后他们会发现，对你说“不”并不容易。

当你想要影响他人时，请记得，你的目标只有一个，就是证明对方是对的，而非证明对方是错的，即使你不认同对方的看法。

### 3. 点头

当我们感觉良好、正面时，通常会点头。

研究显示，如果你刻意地点点头，心里就会产生正面的感受。当你询问别人一定会得到肯定回答的问题，或者在听到对方回答时点头，你会看到对方也开始对你点头，对你的提议感到认同。

### 4. 让对方从只能肯定回答的两个选项中作出选择

当你只提供一个选择时，对方会被迫在肯定和否定之间作选择。在这种情况下，大多数人都会选择否定，因为这是安全的选择。所以，给对方两个你希望的选择，不管对方怎么选，最后都是你期待的结果。

举例来说：

“你觉得我下午3点去找你比较好，还是4点去找你？”

“你喜欢绿色的吗，还是比较喜欢蓝色的呢？”

“你喜欢使用信用卡，还是用现金呢？”

“你希望什么时候开始，星期三或者星期四？”

# 第十五招　怎么说才能让男人聆听

有研究显示，男性彼此间是用一套特别的沟通法则打交道的。假如你是女性，和男性相处时，懂得以及遵守这些法则是很重要的。

以下就是男人说话的基本法则，这是从追踪男性大脑血液流动与运作状况中整理出来的结果。

## 1．一次只跟他说一件事

男人的大脑呈分区规划的状态。男人的大脑就像是被划分成许多小房间，每个房间的功能都各自独立。所以，不要一次给男人多线信息。把你的想法分门别类归纳好，一次只处理一件事。

2. 让他有发言的机会

男人的大脑被设定为不是开口说话就是闭嘴听话。大部分男人都无法同时做这两件事，这也是为什么男人习惯轮流发言的缘故。让他有说话的机会，并且让他把话说完，不要插嘴。

3. 听他说话时要面无表情

男人通常认为别人说话时脸上出现许多表情的人，不是心理有问题，就是情绪有问题。当你聆听男人说话时，请保持认真的表情，只是时不时以声音鼓励对方继续说下去，比如“嗯、嗯”、“我懂了……”、“没错、是啊……”。

4. 给他事实和信息

男人的大脑是被设计来存放大量工作的，他们对事物之间的关系特别感兴趣。给男人看问题的解决方法，提供事实与证据，避免情绪性借口，直接证明你的观点。

5. 有话直说

男人说话的句子会比女人的更短，含有更多的事实、资料、信息以及解决方法。不要用暗示或拐弯抹角的方式跟男人说话，直截了当说出你的想法就好。

# 第十六招　怎么说才能让女人聆听

研究显示,女性彼此间是用一套特别的沟通法则打交道的。假如你是男性，当你和女性相处时，懂得以及遵守这些法则是很重要的。

以下就是女人说话的基本法则，这是从追踪女性大脑血液流动与运作状况中整理出的结果。

**1. 参与谈话**

不要等待你的说话的机会。女人的大脑设计出来，就是可以同时说话与聆听的。这也是为什么说女人可以七嘴八舌地讲个不停,因为她们可以做到。如果你想等到轮到自己再说话,就只有等到天荒地老的份了。如果你和女人谈话时不积极地参与,女人会认为你没兴趣和她说话，或者你怀有反对意见。

### 2. 聆听时表情要丰富

一个女人的脸部表情显示她的情绪，所以，当她说话时，要模仿她的表情和姿态，这可以创造彼此之间的和谐。不过，绝对不要把这招用在男人身上。

### 3. 提供她你的个人细节，触动她的情绪

女人的大脑是被设计出来解读他人情绪，以及评估人与人之间的关系的。把你自己、你的家庭等个人信息告诉她，并且主动告诉她你对事物的感受。

### 4. 说话要委婉迂回

女人说话时的句子会比男人的句子更长，还会包含几个话题，以及她对这些话题的感觉与情绪。和女人说话时，一定要避免太快进入重点，或者迅速提供问题的解决方法，更不要草草结束。

要友善亲切、轻松自如，还要认同她。

## 第十七招　务必戒掉的17种无用说法

下面有一份列举了最具伤害性字眼与说法的清单。这些字句看起来想说明一件事情，实际上却透露了说话者的情感、感觉和偏见。请从你的词汇表中删除它们，因为它们会降低你的可信度。

| 你说的是 | 对方听起来实际是 |
|---|---|
| 类似……<br>差不多是那样…… | 你没自信，或者不知道自己在说什么。 |
| 你知道我的意思吧…… | 你不确定自己在讲什么。 |
| 那个老婆/老公/伴侣 | 你在跟伴侣划清界限。 |
| 说真的<br>坦率来说<br>老实说<br>相信我吧 | 当一个人不诚实、不诚恳、夸张或说谎时，常会在句子前面加上这些字句。 |

| | |
|---|---|
| 当然 | 你试图强迫对方接受或同意你的想法。 |
| 应该／一定 | 你试图利用内疚感或者责任，去强迫对方接受或同意你的想法。 |
| 不要误会我的意思 | 你就要说一些负面或者批判性的话。 |
| 以我的浅见来说…… | 你要开始发表自以为是的言论。 |
| 我并不想要…… | 这才是你想要的。比如说，“我并不想要粗鲁……”的后面，通常就是粗鲁的话。 |
| 我会试试看 | 我不期待成功。 |
| 我会尽最大努力 | 我的最大努力也不足够。 |
| 我尊重你 | 我并不尊重你。 |

小心这些无用的字眼和语句，并刻意把它们从你的日常说话里删除。

## 第十八招　记住12个最有力量的字

加州大学的一项研究显示，在口语中最具说服力的字是：

发现、保证、爱、证实、结果、节省、

容易、健康、金钱、全新、安全、你

这项研究的全新结果可以让你发现，这些经过证实的字眼能保证你得到更多的爱、更健康的身心，节省更多金钱。使用12个字，既安全又简单。

练习这些字眼，让它们成为你日常对话的一部分。

## 第十九招 把负面说法变成正面的

你几乎肯定可以找到方法，将破坏性的批评转变成建设性的赞美。与其批评他人做事失败，你完全可以赞美对方尝试做某件事情，或者在某些小地方做出改善。

看看下面的例子：

| 要避免说 | 你可以这么说 |
| --- | --- |
| 你这次没有得到加薪，真的很惨。 | 芭芭拉，即使你这次没有得到加薪，不过我觉得，你能告诉老板自己想要什么，已经很棒了。你觉得下次要怎么做，才能改变他的想法呢？ |
| 你写的故事真的可笑！ | 维莉，你的文字很生动，让我感觉就像身临其境。你从哪里得到这个灵感的？ |

| | |
|---|---|
| 你考了五次才过关啊？到底什么问题？ | 比尔，你终于解脱了！不是每个人都能做到的。你想要怎么庆祝？ |
| 你又失败了！看你要等几个月，才能重新开始。 | 苏，恭喜你，你比昨天迈出更大的一步了！ |

# 第二十招 如何处理恐惧与烦恼

有研究显示，我们在生命中担心的事情里：

87% 从来不会发生

7% 确实发生了

6% 结果是你可以影响的

这意味着，你担心的事情其中绝大部分不会发生，而另外一些确实发生的少数事情，你也无能为力。所以，为你害怕的事情而担忧，是毫无好处的。

正确对待恐惧的方法，是看清它的真面目。我们来看看恐惧（FEAR）的四个英文字母的组成：

F=False　　虚假的

E=Evidence　　迹象

A=Appearing　　看起来是

R=Real　　真的

恐惧只不过是去想着你不想要的结果时、造成的生理反应。我们大多数人都会去担心一些永远不会发生的事情，所以，它们只不过是：

False Evidence Appearing Real

看起来是真的、但其实是虚假的迹象。

永远不要想那些你不希望发生的事情。不管事情的结果如何，只管去想你确实希望发生的事情。你心里想什么，通常就会得到什么。

# 小 结

## 第五招 如何聊天，让所有人爱上你的风趣

*将焦点放在对方身上，鼓励他们多谈自己和自己感兴趣的事情。

*把你词汇表里的“我”和“我的”统统丢掉，全数换成“你”和“你的”。

*只问能让对方谈论自己的问题。

## 第六招 如何问好问题

*少问封闭式问题。

*多问开放式问题。记得用“你是如何？……告诉我关于……是以什么方式？为什么？……”来组织你的问句。

### 第七招 如何开始对话

*聊聊当下的情况。

*聊聊与对方相关的事情。

*聊聊你自己。

### 第八招 如何让对话绵延不绝

*善用过渡性的关键句，比如："举个例子来听听……"、"然后呢？……"、"所以？……"、"然后你就？……"、"那就表示说？……"

### 第九招 如何让人们对你说的话兴致勃勃

*只跟别人聊他们想聊的，引导别人继续话题。

### 第十招 如何让人们一见到你就有好感

*对每个人都露出笑容。一个微笑就能传达"见到你真开心，我接受你这个人"的信息。

### 第十一招 如何成为善解人意的人

*向对方表示，你知道他现在的感受，而且之前有人和他处境相同，再进一步说明别人后来发现的解决方法。

## 第十二招　如何认同每个人（包括批评你的人）

*如何认同事实。

*如何认同对方有批评的权利。

*做一个善于认同他人的人的五大关键：

1.下决心认同每一个你遇见的人。

2.认同对方所说的事实。

3.认同对方拥有批评的权利。

4.如果你错了，就认错吧。

5.避免争辩。

## 第十三招　如何创造出“你很棒”的氛围

*肯定你自己以及你做的事情。

*保持热情。

*避免对任何人或事批评。

## 第十四招　如何轻松让别人说YES!

*找到一个让对方不得不答应的理由。

*只问对方一定会做出肯定回答的问题。

*点头。

*让对方从只能肯定回答的两个选项中做选择。

### 第十五招　怎么说才能让男人聆听

*一次只跟他说一件事。

*让他有发言的机会。

*听他说话时要面无表情。

*给他事实和信息。

*有话直说。

### 第十六招　怎么说才能让女人聆听

*参与谈话。

*聆听时表情要丰富。

*提供她你的个人细节，触动她的情绪。

*说话要委婉迂回。

### 第十七招　务必戒掉的17种无用说法

*将那些会把你的可信度、人缘指数降低的字眼与说法，统统从你的日常对话语言里删除。

比如“有点……”、“大概是那样……”、“你知道我的意思吧……”

“那个老婆/老公/伴侣”、“说真的”、“坦白说”、“老实说”

“由衷地觉得”、“相信我”、“当然”、“应该”、“一定”

“不要误会我的意思”、“以我的浅见来说”、“我并不想要”、

"我会试试看"、"我会尽一切所能"、"我尊重你"……

### 第十八招　记住12个最有力量的字

★练习这些字眼，让它们成为你日常对话的一部分。

"发现"、"保证"、"爱"、"证实"、

"结果"、"省"、"容易"、"健康"、

"钱"、"新"、"安全"、"你"。

### 第十九招　把负面说法变成正面的

★找到一个方法，将具破坏性的批评转变成具建设性的赞美。

### 第二十招　如何处理恐惧与烦恼

★你所担忧的事情大部分都不会发生，而你无法控制的少数事情也势必会发生。所以，不必担心每件大、小事。

★正确面对恐惧（FEAR），就要看清它的"真面目"——表面上看起来像是真的，但却与事实不符的迹象。

Allan & Barbara

PEASE

# 第三部分

# 如何纵横生意场

!

Allan & Barbara
PEASE

## ❗ 皮斯夫妇建议你:

当你担任领导者时，记住，绝对不要在别人面前训斥人！请关起门来，冷静地一次说出不满及解决之道，千万不要拿同一件事不断追究对方。

# 第二十一招　如何让人见你第一眼就忘不了你

第一印象可谓生意场上的“一见钟情”。

以下是九个“黄金开场动作”：

## 1. 出场

当你受邀进入一个房间的时候，要以笃定的步伐走进去，千万不要像个等着见校长的顽皮学生般站在门口。缺乏自信的人走进一个房间时会手忙脚乱，或者慢吞吞地走。进门时保持坚定的态度，并保持一定的走路速度。

## 2. 步调节奏

轻松地移动脚步。有影响力的人，以及受人瞩目的人，都是轻松自在、不疾不徐地走路，跨步大小适中。走路缓慢的人，会让人觉得是他们时间太多，对手上的事情不热衷，或者根本无事可做。

### 3. 握手

伸直手掌，依照对方握手的力量来用力握对方，让对方决定何时松手。绝对不要隔着桌子握手，这样会让对方觉得他占了上风。

### 4. 笑容

露出笑容时，一定要将你的牙齿秀出来，而且要带着满脸笑意，不要只用嘴巴演独角戏。

### 5. 挑眉

挑眉是一个自古以来就深植于人类大脑的动作，能让对方感受到你对他的肯定。当你认同对方时，只要挑高一下你的眉毛，就可以让对方接收到你的善意。

### 6. 说话

与对方说话开始15秒钟的时候，请提到对方的名字两次，避免连珠炮般滔滔不绝超过30秒钟。说话时，最好比对方说话慢一点。

### 7. 坐姿

如果你不得不坐在比较矮的椅子上，还得直接与对方面对面，你可以转成45度角，以侧身方式来面对对方，以避免陷入遭受责骂的不利位置。如果你无法调整椅子的角度，就调整你的身体角度。

### 8. 手势

冷静沉着、善于控制情绪的人，懂得运用简单明了而又谨慎的动作。地位高的人运用的手势，会比地位低的人少很多。不要让你的手部高过下巴。如果你想要拉近彼此的关系，可以在恰当的时候模仿对方的手势和表情。

### 9. 离场

当工作结束的时候，要平静且稳重地收拾东西，千万不要手忙脚乱。如果可以的话，和旁边的人握手再离去。如果你进门时门是关上的，离开时请顺手把门关上。

在你转身离开时，大多数人仍会从后面观察你。如果你是男性，请确保你的鞋后跟擦亮；如果你是女性，不管你喜不喜欢，人们通常会打量你的臀部。所以，当你走到门口时，可以徐徐转身，对人们微笑。让人们记得你的笑容，总比记得你的臀部要好得多。

# 第二十二招　如何应对生意场上的批评

如果一个客户或者潜在客户批评你或者你的机构，你可以运用“假如是你”的技巧来释放紧张气氛。只要问对方，假如他们是你，面对同样的情况、受到同样的批评，他们会怎么处理。

无论他们怎么说，只要回答：

“没错！我们就是这么做的！”或者，“你说得没错！我们正准备这样做！”

举例来说：

潜在客户：“我听说你们的送货效率很糟糕。”

你：“没错，过去一段时间，我们的仓库确实发生过一些问题。请告诉我，假如你是公司经理，也受到同样的批评，你会怎么处理？”

潜在客户：“我会召集所有相关人员来开会，找出一个可靠的解决办法，确保以后所有的送货都准时！”

你：“你说得完全正确！我们就是这样做的。”

这么，你通过强调不只是他的意见正确，你的公司也已经处理了有关问题（或准备处理），你不仅认同了事实，也让潜在客户感觉很好。当你使用这个“假如是你”的技巧时，客户的批评意见就会软化，也不会急于旧事重提。

不过，如果你的公司一直没有针对问题进行必要的改变，那么你的公司也不值得批评者继续给你们生意。

# 第二十三招　接电话时的妙招

大部分的人接电话时，都会这样回答：

“这是ABC公司……阿兰在说话。”（ABC Corporation……Allan speaking.）

如果你向着某个人走去，你肯定不会说“我是阿兰，走路。”在打电话的时候，来电者当然知道你在说话，所以不必说“说话”这个词。

研究显示，来电者人通常会记得接电话的人说的最后几个字。因此，接电话的时候，最好将你的名字放在最后，并提高尾音。所谓提高尾音，就是在说出名字时提高音量，并且加强语调的变化。

研究显示，当你这么做的时候，有86%的来电者会记住你的名字，然而，当你用“阿兰在说话”的时候，只有6%的来电者会记得你的名字。

从今天开始，用下面这句话来接电话：

“ABC公司……我是阿兰。”

讲到你的名字的时候，记得提高尾音，这么做还会促使来电者告诉你他的名字，这样，双方的关系就立刻可以建立起来。

顺便提醒你，记得要说自己的名字，可别误讲成了阿兰。

在电话响第二和第三声的时候接起电话。如果再早的话，你会显得很着急；如果再晚，就显得你没有兴趣。

# 第二十四招 如何训斥或批评人

当你担任领导者时,你时不时会要求某个人说明所作所为,或者指出对方的行为不能接受或者欠缺生产力。大部分人害怕要求他人改正某个行为,或者约束别人。

运用下面六个步骤的技巧,可以让你的批评过程快速有力,不会给人们带来痛苦。

成功地批评、训斥和评价对方的六大黄金法则:

**1. 使用"三明治技巧"**

单吃洋葱时味道很苦,但如果你把洋葱和其他蔬菜沙拉一起吃,就会非常美味。

为了软化打击的力度,先表扬对方曾经做过的某件好事,然后再提出批评。之后,再表扬对方另一个做得好的地方。

### 2. 对事不对人

告诉他，你喜欢他这个人（不管是真是假，都要这么说！），只是对他做的事情不满意。

### 3. 请对方帮忙

绝对不要命令人们，“我要你怎么做，你就怎么做”。要说是你需要他们的合作和帮忙来解决某个问题。

### 4. 承认你也犯过同样错误，然后提供解决之道

在批评对方时，你可以先聊聊自己过去曾经犯过的类似错误。这样能使对方比较容易接受你的批评，就像牙医在帮病人钻牙前会先上麻药那样。

告诉他，你（和其他人）都曾经遇到过类似的挑战，给他们看看你是如何战胜这些问题的。当你承认自己并不完美的时候，其他人就会受到影响，跟随你的带领了。

### 5. 批评只说一次，而且要私下谈

绝对不要在别人面前训斥一个人。关起门来，平静地说出你的不满之处以及解决之道，一次讲清楚。不要拿同一件事不断追究对方。

### 6. 以友善的声调收场

感谢他们的合作，一起解决这个问题，表示你期望看到他们以你们刚才讨论的新方法解决问题。

# 第二十五招　如何做一个有说服力的演讲

可以站在众人面前、做一个有力量且激励人心的演讲的人，一定会受到人们的钦佩，并且在企业里和社交关系中坐拥领导地位。

以下是有助于讲出令人兴奋的演讲的四步法则，无论讲什么主题，讲两分钟、二十分钟、还是一个小时，都能让你讲得头头是道。牢记这四个步骤：

1. 攻破心防
2. 为什么要讲那些开场白？
3. 例如呢？
4. 那又如何？

**1. 攻破心防**

当你刚刚站起来讲话时，听众们其实正默默地想着："喔，又来了……又是一个无聊的发言人。"所以，你必须以充满戏剧性、饶有趣味或者以幽默故事或句子来开场，让听众喜出望外，抓住他们的注意力。

**2. 为什么讲那些开场白?**

下一步，你必须告诉听众，为什么你会说这个充满戏剧性、或者充满趣味的故事或句子，以及这些东西为何对他们重要。

**3. 例如呢?**

举例是你演讲最主要的部分。给听众三个要点或理由，让他们了解为什么你说的话对他们来说既切身又重要。如果你讲话时间比较长，针对三个要点，可以给出三个辅助论点。

**4. 那又如何?**

到了讲话最后，听众心里很可能在想:"好啦，现在你希望我怎么做呢?"

这个时候，你可以激励他们讨论你提出的主意、想法或者做事方法。

举例来说，你现在受邀向一群家长讲话，题目是交通安全，你的目标是说服家长，过马路一定要走斑马线，而不是带着孩子随意穿越繁忙的道路。下例就是四个步骤的演讲内容：

**1. 攻破心防**

“仅仅在去年，有2355名孩童，因为交通意外而成为残疾，或宝贵生命就此终结——这一切要怪他们的父母。从统计来看，在这个房间中的你们，将会有两个父母，在医院里眼泪汪汪地看着自己的孩子，祈祷一切平安无事。问题是，你们当中谁会面临这个处境呢？”

**2. 为什么要讲那些开场白？**

“女士们先生们，我提出这些数据，是因为这是去年，在全国范围内，孩童穿越马路、与父母会合时、被车子撞伤的人数。其中96%的孩子都没有走斑马线。我接下来要说的事请，对于在座的每一位都是非常重要的，因为我相信，你们都深深爱着你们的孩子。”

**3. 例如呢？**

（论点一）“国家安全协会最近在46所学校里进行了一项调查研究，发现……”（引用一些事实、统计数字及资料来支持你

的第一点）

（论点二）“我们在我们自己的社区里进行了一项调查，调查父母对道路安全的态度，我们发现……”（引用证据来支持你的第二点）

（论点三）“身为父母——我能感同身受地理解在座各位的心情——我问过自己很多次……”（提出你的第三个论点，或许加进一点个人的、情感的想法）

**4. 那又如何？**

“所以，我希望大家可以这么做。从今天开始，当你接小朋友回家时，我希望你可以……”（激发你的听众按照你的建议去行动）

当你讲完以后，闭上嘴吧，坐下来。

绝对不要感谢观众听你的演讲。如果你讲得好，他们应该感谢你，而不是你感谢他们。

# 第二十六招 如何使用视觉化讲解

研究显示，当你使用书本、图表、图形或者手提电脑来做讲解的时候，82% 的信息内容会通过眼睛来吸收，11% 的信息通过听觉，只有 7% 的信息通过其他感官来吸收。

## 1. 说、秀和让对方参与

美国沃顿商学院一项研究指出，以口头表达的讲解，其信息留存比例只有 10%。相比较之下，通过口头与视觉方式所传达的信息，留存比例高达 51%。这意味着，使用视觉化讲解手段，能将讲解成效提升四倍。

这项研究也发现，运用视觉化讲解工具，能将商务会议平均时间，由 25.7 分钟缩短为 18.6 分钟，节省了 28% 的宝贵时间。

然而，当我们运用口头、视觉化以及情感参与的方式，人们的信息留存率就高达 92%。

我们能保留下来的内容为：

10% 的听到的内容

51% 的看到和听到的内容

92% 的看到、听到以及情感参与的内容

所以，当你仅仅是说出来，是最没有效果的。说出来，然后给人们看到，有着还不错的效果。说出来，给人们看到，同时让人们参与，能让人们记住最多。

### 2. 使用“动力提升”（Power Lift）

在讲解时，用笔指向你正在讲解的内容，并把人们看到的内容说出来。

下一步，将笔从讲解内容上面移开，放在他的眼睛和你的眼睛之间。这就是所谓的“动力提升”（Power Lift），它能让对方抬起头来，以便他能直接看着你，看见并听见你正在说的内容。

这个方法有助于对方更多地吸收你所表达的信息。同时，当你讲解时，记得让对方看见你的另一双手的手掌。

在讲解时，你可以和男士经常紧密保持眼神接触；如果是女士，眼神接触的频率可以减少。

如果你不太确定怎么做才得体，可以模仿对方给你的眼神接触频率。

## 第二十七招 如何在面试时坐对位置

无论是在办公室或者家里，运用某种椅子和座位的布置策略，能创造出具说服力或引发负面感觉的氛围。

在一张长方形的桌子上，你可以坐在5个位置上。在下页图片中，你可以清楚看到，座位的选择能为你带来多大的影响。只要选对座位，就能创造你想要的气氛。

假设你是B，而另一个人是A。

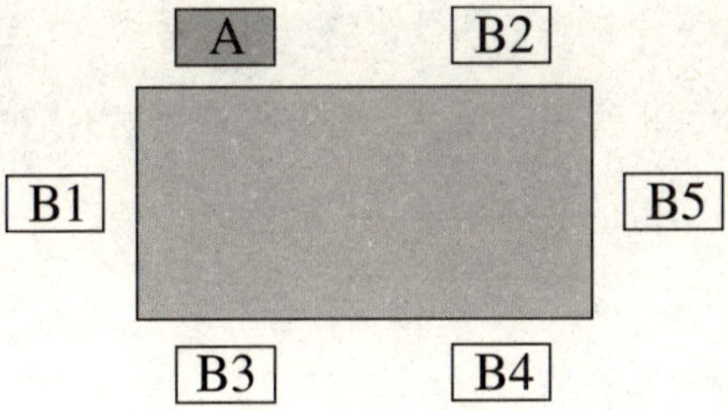

## 竞争性/防卫性位置（B3）

桌子成为双方的坚固阻碍。与另一个人面对面坐着，会造成防卫性、竞争性的环境，也会造成双方各执己见。

有关商务会面方面的研究显示，56%的人认为，面对面的坐法会导致双方竞争。在商业场合中，只有当双方处于竞争状态中，或者一方要训斥另一方的情形下，这种坐法才会被采用。

面对面坐的人，彼此间会更少说话，内容会趋向负面消极，相互竞争或攻击性。如果你被迫坐在B3的位置上，可以将椅子的角度偏离A大约45度角的方向上。

## 合作性位置（B2）

当两个人的想法相似，或者共同处理一件工作的时候，通常会出现这种坐法。

研究发现，55%的人会认为这种坐法是最有利于合作的位置，或者当被要求与另一个人合作时，他们会凭直觉坐在这里。

当你要做一个讲解、并且希望被对方接纳时，这是最佳的一种坐法。这种坐法还能提供与对方眼神接触的绝好角度，以及让你能模仿对方的肢体语言。

## 角落位置（B1）

当双方融洽自如地谈话时，他们通常会使用这个位置。假设 A 是听众，这个位置是你做讲解的最有策略的位置。只要将椅子移到 B1，你就可以舒缓一个紧张的气氛，提升得到积极结果的机会。

在一个会谈里，B4 与 B5 的位置通常被希望保持独立或不想参与的人采用。做讲解时，尽量避免这两个位置。

假如你被邀请进入某个人的办公室或家里的非正式区域，在圆桌旁边坐下来，这是一个正面的信息，因为在生意场上，95% 的拒绝都是在桌子后面提出的。

千万不要坐在低矮的沙发上，因为它会让你陷进去，让你看起来就像是两条巨腿、上面架着一个小头似的。

如果你非得坐矮沙发不可，最好坐在边缘，挺直身体坐好，以便自己能控制好肢体语言，并将身体转 45 度偏离对方。

# 第二十八招 带来优势的十大必胜肢体语言

就像我们之前所提到的，人们会在见到你的开始四分钟内形成90%的第一印象，而你将要造成的影响力当中，60～80%是靠非语言方式来表达的。以下是让你有最好机会对他人造成积极正面影响的十个策略：

## 1. 保持掌心朝上

当你说话时，记得保持手掌张开。这个自古便深植于我们大脑的信号，可以让对方觉得你不具威胁，对你做出正面的回应。

## 2. 指头并拢

手指并拢，并将手放在下巴下面的人，说话时可以吸引最多目光。反之，如果说话时手指分开，或将双手高于下巴，会被认为欠缺权威感。

### 3. 手肘向外

坐下来时，将手肘靠在椅子扶手上，是一种让人觉得你握有权力的姿态，传达出一种胸有成竹、有力量、挺拔的形象。卑微、受打击的人，会将手肘放在椅子扶手内侧，靠近身体，仿佛要保护自己那样。这样的人会被视为心怀恐惧或负面消极，所以一定要避免这种坐姿。

### 4. 保持距离

在认识新朋友的开始几分钟内，尊重对方的私人空间，这在开始的时候是最大的。如果你一开始就靠得太近，对方很可能回应为往后坐、向后倾斜，或者用手势表示不舒适，例如用力按压手指，或者不停摆动笔等等。

对于熟识的人可以坐近一点，但与刚认识的人，则应坐远一些。与年龄相仿的人可以坐近一点，但与年纪差距较大的长辈或晚辈，则要保持一些距离。

### 5. 模仿对方的肢体语言

模仿对方的肢体语言或者说话方式，可以很快拉近彼此的关系。

刚认识新对象时，可以模仿他的坐姿、姿态、手势、身体角度、脸部表情以及声音语调。很快，对方就会觉得你讨人喜欢，并形容你是个容易相处的人。

当你给一对伴侣做讲解时，留意谁模仿谁的动作，就能确定谁是决策者。假如女性先做出动作，男性跟着模仿的话，希望男方做出决定，不会有什么结果。

### 6. 与对方的说话速度同步

一个人说话的速度，显示了他们大脑分析信息的速度。你说话的速度，要与对方说话同速，或更慢一些，并且模仿对方说话的方式及语调。

研究显示，当另一个人说话速度比自己快时，人们会感到有压力。

### 7. 避免交叉双臂

在胸前交叉双臂，是一种试图把自己与自己不喜欢的人或事情隔离开来的姿势。当一个人交叉双臂，记住信息的程度会降低高达40%。

当一个人交叉双臂时，你可以交给他某样物品让他拿住，或者给他们一点事情做，就可以改变他交叉双臂的姿势。给对方一枝笔、一本书、一本小册子、一个样品，鼓励他们松开双臂，并将身体往前靠。想要具有说服力，就绝对不要在任何面对面的会谈中交叉双臂。

### 8. 轻触对方的手肘

对方给你什么肢体接触，你就如法炮制。如果对方没有碰你的肢体，就不要碰他们的。然而，也有实验发现，轻触一个人的手肘少于3秒，对方愿意合作的几率会比没有碰触的情况高出68%。

有研究显示，被教会懂得轻触顾客手肘或者双手的女服务生，从男性顾客那里赚得的小费，会比不碰触顾客的女服务生赚的小费多80%。懂得轻触顾客的男服务生赚得的小费，不论服务对象性别如何，都能比不碰触顾客的男服务生多赚32%的小费。也就是说，懂得有技巧地轻触对方的手肘或手，能使你多三倍的可能性得到你想要的结果。

### 9. 重复对方的名字

当你下次遇上新朋友，可以在握手时，顺便伸出左手，轻触一下对方的手肘，并且重复对方的名字，确定自己没听错。这样，你不光是能让对方觉得自己很重要，也让你通过重复而记住对方的名字。

### 10. 避免用手碰脸

研究显示，当一个人尝试隐匿信息或者说谎时，会大量出现触摸自己的鼻子与脸部的动作，因为当一个人说谎时，血压会自然升高。即使你是因为鼻子痒而搓鼻子，不认识你的人也会认为不诚实。所以，尽量让手离脸远一点吧。

## 十招对策，统统练习

当你准备前往重要的面谈或会议时，静坐几分钟，在心里演练上述动作，想像自己很好地做这些事情。当你的大脑能清楚地看到它们，你的身体就能把它们很好地做出来。在会面中，你需要把自己置身于一个高可信度的角色中，所以，你需要事先演练，熟练掌握自己的动作，别人才会认真对待你。

证据显示，只要勤加练习，这些技巧很快就会变成你的第二天性，在你日后的生活中，让你受益无穷。

# 小 结

## 第二十一招 如何让人见你第一眼就忘不了你

*记住九个黄金开场动作。

*当你进入会议室时，以笃定的步伐大方走进去。

*走路轻松自在不疾不徐。

*伸直手掌，依照对方的握手的力量回握。

*露出笑容时，一定要将你的牙齿秀出来，而且要带着满脸笑意，不是只用嘴巴演独角戏。

*挑高一下你的眉毛，就可以让对方接收到你的善意。

*与对方说话的前15秒钟，请提到对方的名字两次。

*以侧身45度来面对对方，以避免仿佛遭受责骂的不利位。

*运用简单明了而又谨慎的手势。

*会议结束时，冷静且慎重地收拾东西。

★如果你是女性，当你走到门口时，请优雅地慢慢转身，留给对方一个美丽的笑容。

### 第二十二招 如何应对生意场上的批评

★运用“假如是你”的技巧，只要问对方，假如他们面对同样的情况，有人对公司做出批评，他们会怎么处理。

### 第二十三招 接电话时的妙招

★把你的名字放在句子的最后面，说的时候还要提高音量。

### 第二十四 如何训斥或批评人

★使用“三明治技巧”。

★对事不对人。

★请对方帮忙。

★承认你也犯过同样的错误，然后提供解决之道。

★批评只说一次，而且要私下谈。

★以友善的声调收场。

### 第二十五招 如何做一个有说服力的演讲

★攻破“喔，又来了”的心防——以充满戏剧张力、饶有趣味或者幽默的故事或陈述开场。

*为什么要讲那些开场白？——告诉你的听众，为什么你会说这个充满戏剧张力/幽默/饶有趣味的陈述或者故事，以及这些故事对他们很重要的理由。

*例如呢？——给听众三个重点，以及另外发展出的三个辅助论点。

*那又如何——激励听众欣然接受你所建议的行动。

## 第二十六招 如何使用视觉化讲解

*说、秀和让对方参与在讲解时运用视觉化的辅助工具，让观众更投入的话，能让对方保持最长久的记忆。

*使用“动力提升”的技巧，让对方可以看见并听见你正在说明的内容。

## 第二十七招 如何在面试时坐对位置

*避免坐竞争/防卫的面对面位置。

*尽量坐并肩同坐的合作位置，或者侧面边的角落位置。

## 第二十八招 带来优势的十大必胜肢体语言

*保持掌心朝上。

*指头并拢。

*手肘向外。

*保持距离。

*模仿对方的肢体语方。

*与对方的说话速度同步。

*避免交叉双臂。

*轻触对方的手肘。

*重复对方的名字。

*避免用手碰脸。

# 结语：大象就是这样训练出来的！

你有没有看过马戏团的大象，被一条很轻的链子拴在固定在地上的钢钉上？

即使是一头年轻小象，也可以不费吹灰之力，就把钢钉连根拔起，或者扯断链子，但是一头发育完全的大象却从不试着逃跑。为什么呢？

这是因为，小象宝宝每天都会被铸住好几个小时，它的腿被一条非常牢固的链子拴住，链子和一大块水泥块紧紧绑在一起。

管它如何努力推扯拖拉，或者声嘶力竭地吼叫，也挣脱不了。随着小象宝宝渐渐长大，它明白自己无论怎么尝试，都不可能挣脱链子。最后，它放弃了努力。

现在，大象的心理已经被调教成相信，只要有一条拴着钢钉的链子圈上它们的腿，它们就逃不了，即使它只是一条很轻的链子，或者它和什么绑在一起。只要被圈上链子，大象就会自我囚禁。

从我们来到这个世界的那一天开始，我们便受到许多训练师的调教。除了天生本能外，我们全然无知地来到世上，我们所想和所做的每一件事情，都是我们的训练师调教制约我们的结果。这些训练师是我们的父母、兄弟姐妹、朋友、老师，电视和广告等。

大部分的调教和制约都是微妙、重复的，不断进入我们的潜意识里，让我们在日后生活中做出决定而采用。虽然有一些调教制约是为了我们的安全着想，但是大多数都阻碍了我们的个人成长，我们被思维和情绪的枷锁镣铐着。

我们的父母告诉我们："小孩应该多看少说。"

我们的老师告诉我们："只有当有人跟你说话时，你才能说话。"

我们的朋友告诉我们："绝对不要放弃铁饭碗。"

社会告诉我们："付清你的房贷，好好存钱养老。"

媒体告诉我们，我们还不够好。想要活得开心，我们就得身材苗条、肌肤细腻、拥有秀发与贝齿，还要闻起来香香的。

这些警告都是不知不觉、不断重复的，成为我们信念体系的一部分。当我们度过人生中最快速的学习时期时，我们更多的是听到我们不能做什么，而不是能做什么。

正如大象受到制约，相信自己逃不了那样，我们也会很容易变成"做不到"的人，被不断重复的消极调教和制约推离成功，越来越远。

## 正面取代负面

想像你现在对人生的习惯和态度，就像是水桶里的水。桶里的内容大部分都是由你身边的人倒进去的——我们的父母、老师、同龄人和媒体。

现在想象一下，你从本书中学到的新技巧与积极态度，是一颗颗的小石头，你将要把它们扔进桶中，来取代目前充满桶中的水，也就是你的负面习惯与态度。最后，这些小石头会取代你桶里的水，你的人生将会充满积极的技巧、态度和习惯，让你终身受益。

本书给了你许多在高层次上与人们交往时需要的小石头，让你成为更有趣、更有影响力、更有吸引力的人，帮助你做出积极的决定。

每天学习一项新的人际技巧，多多练习，直到它们变成你身体的一部分。一个新习惯需重复练习30天就能养成，并且长久持续下去。

现在就开始，用积极习惯取代负面枷锁。

你怎么做才能达到这个目标呢？

用训练大象的同样方法吧。不断重复学习，不断练习积极行为，让它们成为“能做到”的习惯。

## 28堂超实用的人际关系课
## 学会适用一生的沟通技巧

### 第一招　如何表达真诚的赞美

我做到了：

### 第二招　如何有效倾听

我做到了：

### 第三招　如何将“谢谢你”说到别人心坎上去

我做到了：

第四招　如何记住对方的名字

我做到了：____________________________

________________________________________

________________________________________

________________________________________

第五招　如何聊天，让所有人爱上你的风趣

我做到了：____________________________

________________________________________

________________________________________

________________________________________

第六招　如何问好问题

我做到了：____________________________

________________________________________

________________________________________

________________________________________

第七招　如何开始对话

我做到了：____________________________

________________________________________

________________________________________

________________________________________

第八招　如何让对话绵延不绝

我做到了：

第九招　如何让人们对你说的话兴致勃勃

我做到了：

第十招　如何让人们一见到你就有好感

我做到了：

第十一招　如何成为善解人意的人

我做到了：

第十二招　如何认同每个人（包括批评你的人）

我做到了：

第十三招　如何创造出“你很棒”的氛围

我做到了：

第十四招　如何轻松让别人说 YES!

我做到了：

第十五招　怎么说才能让男人聆听

我做到了：

第十六招　怎么说才能让女人聆听

我做到了：________________________________

________________________________________

________________________________________

________________________________________

第十七招　务必戒掉的17种无用说法

我做到了：________________________________

________________________________________

________________________________________

________________________________________

第十八招　记住12个最有力量的字

我做到了：________________________________

________________________________________

________________________________________

________________________________________

第十九招　把负面说法变成正面的

我做到了：________________________________

________________________________________

________________________________________

________________________________________

第二十招　如何处理恐惧与烦恼

我做到了：______________________________

______________________________________

______________________________________

______________________________________

第二十一招　如何让人见你第一眼就忘不了你

我做到了：______________________________

______________________________________

______________________________________

______________________________________

第二十二招　如何应对生意场上的批评

我做到了：______________________________

______________________________________

______________________________________

______________________________________

第二十三招　接电话时的妙招

我做到了：______________________________

______________________________________

______________________________________

______________________________________

第二十四招　如何训斥或批评人

我做到了：

第二十五招　如何做一个有说服力的演讲

我做到了：

第二十六招　如何使用视觉化讲解

我做到了：

第二十七招　如何在面试时坐对位置

我做到了：

第二十八招　带来优势的十大必胜肢体语言

我做到了：______________________________

______________________________________

______________________________________

______________________________________

**恭喜你，你学会了与人轻松沟通，**

**你的人脉好感度将无限上升!**

·个人成长新书推荐·

# 《问题就是答案》

## 五大黄金问题 九大激励因素 帮你赢得客户

在《问题就是答案》一书中，阿兰·皮斯第一次详尽论述了最神奇的人际网络营销技巧。作者根据自己丰富的营销经验，揭示了营销中最有效果的技巧。这些技巧和策略简单易懂，行之有效，被众多的营销人员和生意建造者反复验证过，可以说是自由企业家的最佳工作和生活策略。可以帮助你建立自己的系统，实现财务自由，甚至实现你最狂野的梦想。

本书将告诉你的是，如何做，说什么，如何说，才能说服你的目标客户，获得高额收入的秘诀。即使你不是营销人员，本书也会永远改变你看待谈判和劝说的方式。

无论工作还是生活，你都需要这本书！

阿兰·皮斯 著
定价：20.00元